예목/전수남 제4시집

사랑앓이 끝에 피는 꽃

도서출판 지식나무

머리말

어울려 사는 세상 함께 살아가는 세상살이
인생길 동행이 되는 것은 서로에게 고마운 일이다
괴로울 때나 슬플 때나 그 아픔을 나누면
슬픔이 반으로 줄어든다 했으니
살아가는 동안 누군가의 격려나 응원의 한마디가
힘이 되는 것은 틀림없다.

저물어가는 석양을 바라보는 인생황혼
그동안 많은 분들로부터 알게 모르게 도움을 받았고
그 성원이 내 가슴에 빛으로 남았다.
해서 고마운 분들께서 베풀어주신 빛에 대해
마음을 표하고자 쓴 시집이 "빛으로 도는 바람개비(1집)"이다
이제 그 감사한 마음을 다른 분들께
희망의 메시지로 돌려드리고 싶다.

아름다운 동행은 고난과 역경도
사랑으로 넘어설 수 있음을
필자의 시가 내일을 향해 나아가는
등을 밀어주는 바람이 되고

어둠을 밀어내는 한줄기 빛으로 다가갔으면 한다.

한 송이 꽃을 피우기 위해서는
거센 비바람도 견뎌내야 하듯
우리네 삶도 고진감래 고생 끝에 낙이 온다고 했으니
매일 매일이 미소 가득한 새날로
사랑이 충만한 날들이기를 바래본다.

겨울이 길면 봄은 더 따뜻하리.

        2025. 어느 봄날.

                전수남

 * 초대시

낮잠

임보

한 일 년쯤 내다보고 사는 이는
돈을 모으고
한 십 년쯤 미리 보고 사는 이는
나무를 심고
한 백 년쯤 크게 보고 가는 자는
시를 쓰고
한 천 년쯤의 긴 혜안을 가진 자는
늘어지게 낮잠만 잔다.

시인 임보 : 저서 '짚신과 장독' 외.

* 초대시

달의 씨앗

이성두

나도 달 하나쯤 따서
세상 좀 훤하게 보자고
가슴에 달까 눈에다 달까 하고
하늘로 하늘로 올랐습니다

행여 숨어버릴까
잽싸게 눈에는 담았는데
세상쯤 들여다보는 저 달
그쯤은 아는지
바람을 타고 스르륵 달아납니다
구름 속으로 삐칩니다

다들 수퍼문이라길래
저 구름 휘적거려서라도
건져볼까 챙겨볼까

조곤조곤 따라갑니다

만인의 저 달이 하나의 손에 담겨가는 것을
결코, 허락하지 않아
겨우 실루엣 정도만 건져
그게 어디냐고
머리맡에 두고 잠들었습니다

꿈에 이상한 나라도 가보고
미래의 세계도 가보고서야
저마다 약속의 아침을 여는데
스파트필름에 달이 올라옵니다
잠시라 한눈파는 사이
목을 빼듯 올랐습니다

하도 신기해 달이 잉태한 네 이름이 무엇이냐고
물어도 대답은 하지 않습니다
누가 예 이름 아는 기인 있으려오?

*시인 이성두 : 저서 '이브의 눈물' 외.

* 시인 소개

AI시대의 자화상 -AI가 본 '전수남'

Chat GPT의 '전수남시인' 소개입니다.

전수남 시인은 한국의 시인으로,
경기 용인에 거주하며 활동 중입니다.
그는 문학광장의 '황금찬 시맥회'
시 부문으로 등단했으며,
'사단법인 문학애'의 정회원이기도 합니다.

2016년 신인문학상을 수상했으며,
2023년 통일문예공모전에서 장려상을
수상하는 등 여러 문학적 성과를 남겼습니다.

전 시인의 주요 저서로는
'빛으로 도는 바람개비'와
'사랑이 빛이 되어' 등이 있습니다.
그의 시는 자연과 사랑,
인생의 여정을 주제로 한
서정적인 표현이 돋보입니다.

목차

봄 ··· 1

- 봄을 기다리는 마음(2) ································· 2
- 언덕 너머 봄 햇살이 ··································· 3
- 봄을 기다리는 마음(3) ································· 4
- 복수초의 봄마중(2) ···································· 5
- 봄의 길목에서(3) ······································ 6
- 춘래불사춘(春來不似春)(2) ··························· 7
- 노루귀와 산촌의 봄날 ································· 8
- 순간의 미학(美學) ····································· 9
- 시절단상(時節斷想) ··································· 10
- 생의 찬미 ·· 11
- 별이 빛나는 봄밤의 추억 ····························· 12
- 광양매화마을의 행복찾기 ····························· 13
- 매화꽃 피는 봄날의 순이 생각 ······················ 14
- 어머니(5) ·· 15
- 역경과 열정 ··· 16
- 구례 산수유마을의 빛나는 봄날 ····················· 17
- 봄빛 ·· 18
- 명자꽃 피는 봄날의 기원 ····························· 19
- 백색의 향연 앞에 ····································· 20
- 자목련 붉은 연심은 ··································· 21
- 사랑앓이 끝에 피는 꽃 ······························· 22
- 만년교에서의 사랑의 언약 ··························· 23
- 봄날은 가도 ··· 24
- 낙화(落花) ··· 25
- 희망을 향한 질주 ····································· 26
- 봄날은 가는데 ·· 27
- 황매산 철쭉 ··· 28

봄날은 가도(2) ······ 29
대숲(3) ······ 30
청춘 그 열정에 대하여 ······ 31

여름 ······ 33

친구여(3) ······ 34
동강할미꽃 ······ 35
어머니의 손맛(2) ······ 36
일품요리 특별한 맛 ······ 37
꽃은 져도 그리움은 남아 ······ 38
희망의 바람 ······ 39
어울려 사는 삶 ······ 40
행복은 ······ 41
망각과 회상(回想) ······ 42
백모란이 피는 까닭은 ······ 43
사랑 그 아름다움에 대해 ······ 44
사랑의 빛 ······ 45
세월의 바람 앞에서(6) ······ 46
시절단상(時節斷想)(2) ······ 47
이팝나무 흰 꽃물결의 의미는 ······ 48
바람과 구름과 푸른 기상 ······ 49
아름다운 동행(4) ······ 50
살맛나는 세상(4) ······ 51
역경을 넘어서면(2) ······ 52
기대와 희망으로 ······ 53
함께 부르는 사랑의 노래 ······ 54
꽃불 같은 사랑 ······ 55
세월의 바람 앞에서(7) ······ 56
꽃길(6) ······ 57
감자꽃 ······ 58
그리움은 시공을 넘어(2) ······ 59
공존의 아름다움 ······ 60
행복찾기(2) ······ 61
사랑의 길(5) ······ 62
내일을 준비하는 황혼의 아름다움 ······ 63

가을 ··· 65

황혼의 기원 ································ 66
존재의 의미 ································ 67
오봉산과 백련 ······························ 68
소금꽃처럼 향기는 없어도 ············ 69
마음(6) ·· 70
빛과 어둠(4) ································ 71
대한의 이름으로(2) ······················ 72
인생길(7) ···································· 73
아름다운 귀향 ······························ 74
가시연꽃 ······································ 75
청솔의 맑은 정기를 닮고파 ·········· 76
끝나지 않은 도전(3) ···················· 77
산중한담(山中閑談) ······················ 78
배롱나무 백일의 기도 ·················· 79
삼성궁 가는 길 ···························· 80
세월이 가고 사랑이 가고 ············· 81
국수 한 그릇에 담긴 엄니의 사랑 ···· 82
검정 고무신 추억 ························· 83
사랑의 동행(8) ···························· 84
사랑이 가도 그리움은 남아 ·········· 85
가을편지 ······································ 86
천사의 나팔 ································ 87
새날의 아침에 ······························ 88
생명의 빛으로 ······························ 89
가을 들녘에 서면 ························· 90
꽃무릇(3) ···································· 91
사랑탑 ·· 92
고향의 가을 ································ 93
세월의 바람 앞에서(8) ················· 94
가을연가(3) ································· 95

겨울 · 97

- 인생열차(2) · 98
- 아버지의 길 · 99
- 인생길(4) · 100
- 역경을 넘어서면 · 101
- 기원(3) · 102
- 설국 오색 령(嶺)에 오르면 · 103
- 한라산 상고대 · 104
- 빛과 어둠(3) · 105
- 희망(7) · 106
- 겨울 설악(雪嶽) · 107
- 동백꽃 · 108
- 꿈(4) · 109
- 인생길(5) · 110
- 대봉감홍시 · 111
- 불멸의 사랑 · 112
- 마음의 창을 열면 · 113
- 어머니(4) · 114
- 인생길(6) · 115
- 기도(2) · 116
- 새벽을 여는 마음(2) · 117
- 희망의 빛살이 찬란한 내일을 · 118
- 희망의 빛살은 · 119
- 흰수염고래를 꿈꾸며(2) · 120
- 내 안의 우주와 사랑 · 121
- 대한의 이름으로(3) · 122
- 길은 멀어도 · 123
- 벗이여(2) · 124
- 내일을 기다리며 · 125
- 아름다운 동행(5) · 126
- 소망의 빛으로 · 127

4행시 ··· **128**
    자동발매, 눈비안개 ··· 128

에필로그 詩
    사랑의 길(8) ··· 129

끝맺는 말 ··· **130**

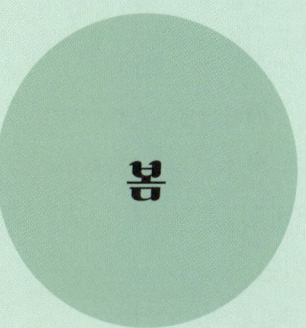

봄

봄을 기다리는 마음(2)

오소서 님이시여, 까치발로 곧추서서
님께서 오시는 길 학수고대 바라보다
산 너머 언덕 너머로
님의 기척이 보이면
동구 밖까지 버선발로 달려 나가
환한 미소로 반겨 맞으리다.

심장의 박동조차 멎을 듯한 눈보라에도
거죽을 파고드는
송곳 같은 시린 칼바람에도
오롯이 님을 향한 마음
내 가슴에 생명의 불꽃으로 피나니
청사초롱에 불 밝힐 그날을 기다립니다.

언덕 너머 봄 햇살이

언덕 너머서 불어오는 봄바람에
얼었던 강물 얼음장이 녹고
기지개를 켜는 나목의 빈 가지마다
스물스물 물오르는 소리
들뜬 가슴마다
환한 미소가 꽃으로 피는데

연분홍 치맛자락이 일렁이듯
나풀거리는 빛살 아래
남녘에서 전해지는 매화꽃 소식에
귀 기울이면 들리는 생명의 숨결
님과의 만남에 마음 설레고
시골총각 석이도 괜스레 신바람이 난다.

사진 : Seong Ha Park작가님.

봄을 기다리는 마음(3)

강물도 쉬어가는 한적한 마을
얼어붙은 얼음장 아래서도
맑은 물은 흐르고
시린 바람에 몸살 앓는
수양버들 빈가지에 내려앉는 햇살이
남녘의 봄꽃 피는 소식을 전해주는데
배고픈 어미소의 울음소리 정적을 깬다.

서울 간 김영감은 언제쯤 돌아올지
술벗 생각에 촌로의 걸음이 머뭇거리고
흐름을 감지하는 산천초목의 빛깔이
하루하루 달라지며 빛이 나는데
백년가약을 언약한 신부가
신접살림을 시작할 그날을 기다리듯
봄마중 나서는 마음은 십리를 앞서가네.

복수초의 봄마중(2)

새초롬한 봄바람에
가랑잎이 바스락거리는 소리에
선잠 깨어 살포시 고개 내민
복수초의 수줍은 눈인사
첫 눈맞춤은 등 굽은 소나무 가지 위의
실눈 뜬 직박구리와 나누고

늦은 아침 산을 오른 산지기
김영감의 쿨럭거리는 기침소리에
산비둘기가 날아오르니
봄빛살에 빛나는 샛노란 복수초
춤추듯 여린 몸매를 하늘거리며
남녘에서 들려오는 봄꽃 소식을 전하네.

봄의 길목에서(3)

볼에 부딪는 바람의 입맞춤에
감미로운 사랑이 느껴져
너도나도 손 내미는 초목들의 눈인사에도
훈훈한 정감이 묻어나고
꽃망울을 터트린 봄꽃은
싱그러움을 마냥 자랑하는데

영생을 구하는 중생의 간구를
묵묵히 경청하던 석불도
실눈 뜬 들풀들의 속삭임을 지켜보다
은은한 미소를 짓는
상큼한 봄향기가 퍼져나가는 봄의 길목
살랑이는 봄바람이 세상에 생기를 불어넣네.

춘래불사춘(春來不似春)(2)

산에 들에 부는 봄바람
사방천지에서 봄빛이 일렁이는데
만물이 소생하는 봄은 왔건만
내 가슴속 봄은 언제 오려는지
시린 마음을 녹여줄
인생의 멋과 맛을 아는
풍미한 사랑이 그립구나.

영산홍의 마른 잎들이
날마다 연둣빛 윤기를 더해 가는데
봄을 찾아 나선 길 잃은 영혼
겨울이 머물다 간 흔적으로 남은
울산바위 정상에 얼어붙은 잔설처럼
세월을 붙잡고 싶은 촌로의 가슴에도
활짝 핀 봄을 옮겨놓고 싶어라.

노루귀와 산촌의 봄날

인적 드문 산촌 고개 마루 넘어 외딴집
대문도 없는 초가삼간에
볕 잘 드는 툇마루에 걸터앉아
"뜸북뜸북 뜸북새" 노래를 흥얼거리는
어린 자매를 지켜보는 노루귀 한 쌍
노랫가락에 맞춰 한들한들 율동을 한다.

서울 간 오빠가 방학 땐 온다고 했는데
읍내 중학교에 진학하면 보러 올려나
보고픈 오빠생각에 그리움은 켜져만 가는데
가녀린 미소로 생각에 잠긴 노루귀
가슴시린 그 마음을 아는지 모르는지
산촌의 봄날은 하루가 짧기만 하네.

순간의 미학(美學)

스치는 일순(一瞬)을 포착하는
순간을 엮어내는 감동
심혈을 기울인 집중력으로
생생한 현장이 생동감 있게 그대로 담긴다
찰나에서 느끼는 예술혼
가슴 벅찬 그 희열을 무엇에 비유하랴.

부조화 속의 어울림을 리드미컬하게
정지된 멈춤 속의 우주를
아름다운 형상을 기억하기 위해
작가의 혼을 담아내는 열정이
순수의 모습으로 생명력을 부여하노니
순간의 미학은 그 자체로 경이로운 예술일지라.

시절단상(時節斷想)

삶은 팍팍해져도
바람은 훈훈해졌어
세상살이도 그만큼 여유로우면 좋으련만
봄의 입김이 사방에서 봄꽃을 깨우는
좋은 시절 이대로 멈췄으면 좋겠는데
무심한 세월은 앞만 보고 갈 길을 가겠지.

가고 오는 흐름 속에
내리막길 오르막길 다 지나왔어도
마지막 숨 내쉴 때까지 끝난 것은 아니니
아직은 사랑 가득한 삶을 살고 싶건만
생기를 잃어가는 영혼은
들풀처럼 살라고 하네.

생의 찬미

지는 해가 아름다운 것은
내일을 기약하기 때문이요
석양에 물든 노을이
어스름 속에서도 빛나는 것처럼
황혼을 향해가는 노년이 중후한 것은
인생역정이 녹아있기 때문이지요.

산 넘고 물을 건너 역경을 이겨낸 그대
기쁨도 눈물도 회한마저도
삶의 희로애락 그 모두가
그대가 쌓아 올린 금자탑이노니
생은 아름다운 것 눈 감는 그날까지
스스로의 삶을 사랑할지라.

별이 빛나는 봄밤의 추억

쏟아지는 별빛을 가슴으로 안아들고
내게로 와 찬연히 빛이 된 당신
그날의 봄밤에 당신이 불러주던 유행가 가사가
지금도 귓가에서 쟁쟁거리는데
그 밤에 둘이서 올려다본 밤하늘에는
달콤한 우리의 사랑이 황홀하게 빛났었지.

그 시절 뜨겁게 타올랐던
내 가슴속 청춘의 화톳불은 그대로인데
흘러간 세월만큼
잿불처럼 사그라져가는 내 사랑이여
젊음은 가도 함께 이룬 인생의 발자취
뒤돌아보면 아롱지는 그리움이 가득하구나.

광양매화마을의 행복찾기

매화꽃향기가 지천으로 날리는
광양매화마을의 축제마당
흩날리는 하얀 꽃잎 따라
꿈을 찾아 나선 나비인 양
설레는 마음 여기 두고 가면
하얗게 하얗게 퍼져나가는 봄빛살이
내 가슴도 티 없이 맑게 해 줄까.

나물 캐러 나온 순이도
떠꺼머리총각 석이도
마실 나온 할비 할미도
매화꽃송이 송이마다 담겨있는
행복찾기에 분주한 봄날
순백의 꽃물결에 생기가 넘쳐나듯
세상이 온통 봄꽃처럼 빛나는 날들이면 좋겠네.

* 떠꺼머리 : 장가나 시집갈 나이가 된 총각이나 처녀가
　　　　　　땋아 늘인 머리

매화꽃 피는 봄날의 순이 생각

매화꽃이 하늘하늘 봄을 노래하면
하얀 칼라 검정 치마에 여고생 순이가
두 갈래 묶음 머리로 마주칠 때마다
해맑게 웃고는 날 피해 달아나던
빈 도화지처럼 때 묻지 않은
순수하던 감성이 되살아난다.

순이의 수줍은 미소가 무엇을 말하는지
그때는 몰랐지만 지금은 알 것 같아
티 없이 맑은 사랑이었음을
이제는 어디서 어찌 늙어갈지 모르지만
내 가슴속에는 순이의 하얀 매화꽃이
지금도 여전히 그대로 피어있다네.

어머니(5)

오늘의 내가 있음은 당신의 사랑 때문이지요
약골의 사내아이를 지극정성으로 보살펴
대한의 남아로 길러주시고
천상에 오르기 전 긴 시간 몸져누워서도
자식의 수발을 더 안쓰러워하던
그 자애로운 한없는 사랑
그 은덕을 어찌 잊으리까.

맛깔스런 '새송이고추장구이' 요리 앞에서
정성과 마음을 담은 진수성찬 한 번
제대로 올리지 못한 것이 죄스러워서
못내 마음이 미어지는데
화사한 봄날을 함께 못하는 그리움에
당신을 그리는 마음 소리쳐 불러봅니다
'어머니…'

역경과 열정

산다는 것은
오늘 보다 더 나은 내일을 위한
꿈을 이루기 위한 도전
때로는 고난을 넘어서
이상향을 찾아 나서는 것이니
꿈꾸는 자여 마음속 장벽을 허물지라.

살다 보면 살아지는 삶이지만
열정을 잃어버린 일상은
덧없는 시간의 굴레에 상심해하고
맹목적인 속박에서 벗어나면
새로운 시선은 무에서도 의미를 창출하느니
세상은 그대를 향해 환한 웃음을 선사하리.

구례 산수유마을의 빛나는 봄날

회색빛 풍광을 샛노랗게 물들이는
산수유마을의 봄날 모두가 하나 되어
"날 보러 와요"를 외치는 듯
늙으신 어머님 뒷짐 진 걸음에도 힘이 실리고
매사 시큰둥한 촌로의 가슴도 싱숭생숭
봄은 만물을 사랑의 빛깔로 채색하느니

마법의 묘약 같은 상큼한 봄 향기에
노처녀의 가슴에도 봄바람이 들고나며
너도 나도 흔들리는 춘심에
물오른 가지마다 파릇한 새순들의 합창
꽃순이가 시집을 가나
잔치라도 벌인 듯 온 동네가 들썩이네.

봄빛

너와 나의 가슴을 파고들어
세파에 찌든 마음
무지갯빛으로 물들이고
환하게 생기를 불어넣는
봄빛은 생명의 빛이나니

봄꽃들의 화사한 웃음 속에
샘솟는 맑은 향기
새록새록 움트는 새순마다
쑥쑥 자라나는 희망이여
봄빛은 행복을 나누는 사랑의 빛이어라.

명자꽃 피는 봄날의 기원

내 누님 시집가던 날
그날도 명자꽃이 수줍게 웃고 있었지
보내는 마음 떠나는 마음
겉으로 환히 웃고 있어도
속으로는 시린 눈물이 가슴을 적셨네
삶에 찌든 너무 가슴 아린 사랑이라서.

이제 이승에서는 만날 수 없는 내 누님
천상에서는 그 따뜻한 미소로
붉디 붉게 웃는 명자꽃처럼
님과의 사랑의 동행에
세상 사는 걱정 없는
은총이 충만한 영생을 누리소서.

백색의 향연 앞에

섬진강 칠십 리 물길 따라
하얀 꽃물결이 번져나가면
만발한 백색의 벚꽃향연에
촌로의 가슴에도 일렁이는 춘심
봄처녀보다 먼저 춘몽(春夢)을 꾸고
순수를 갈망하는 유치찬란한 시객(詩客)이 된다.

은은한 꽃향기에 가슴을 열어 제친
남녀노소 모두가 봄을 노래하며
무릉도원이 따로 없는
눈감아도 설레는 순백의 환호
이 찬연함이 세상사 시름에 빠진
그늘진 마음까지도 빛나게 하면 좋겠네.

자목련 붉은 연심은

너를 만나면 나는 가슴이 뛴다
붉은 꽃잎 한 잎 한 잎에
내면의 울림을 담아낸
우아한 자태에 반하고
짧은 만남 끝에 야속한 이별
눈시울 붉히는 속절없는 아픔에
그렇게 가는 봄날의 연(緣)이 서러워서.

너는 누구를 향한 그리움을
그리도 붉게 토해내는 것이더냐
보고픈 마음 달랠 길이 없어
진홍빛 연심 뚝뚝 떨구면서도
말없이 이별을 고하는 그 처연함은
젊은 날 사랑해도 함께할 수 없어
화인만 남기고 떠나간 내 님의 마음 같아라.

사랑앓이 끝에 피는 꽃
-고궁에 핀 붉은 연심

긴 겨울밤을 홀로 밝힌
여인의 한 맺힌 마음이
붉디 붉은 꽃망울 속으로 스며들었나
님 향한 연정 꽃잎마다 새겨
애절한 사랑의 아픔을 담아내는지
바라만 보아도 나는 그 격한
연모에 심중이 흔들리는데

구중궁궐 밤은 깊어도
님께선 눈길 한번 주지 않으니
홀로 올려다본 밤하늘
수많은 별들의 사랑이 어린
선한 기원을 가슴에 안아들고도
독수공방 꿈길을 헤맨 연심이
가슴 아린 진홍빛 꽃으로 피누나.

만년교에서의 사랑의 언약

만년이 지나도 흔들림이 없는 만년교에서
첫 순정 그대로 변치 말자
인생길 동행 사랑의 약속
무구한 흐름 속에서도
영롱한 빛이 되어
그 진솔한 언약 변하지 않으리니

산들거리는 꽃바람에
온통 새날을 반기며
환한 기쁨으로 일렁이는 산천이
눈부신 봄을 노래하는
감미로운 봄날의 사랑
내일날엔 무성한 뿌리 깊은 나무가 되리.

봄날은 가도

화려한 꽃잔치를 뒤로하고
꽃은 져도 그 화사한 잔영은 남아
가슴속 사연 말로 다 못한
흩날리는 꽃잎 하나하나에 담긴
의미가 무엇을 뜻하는지
아쉬움이 가득한데.

세월 따라 늙어가는 당신과의 사랑도
젊은 날의 아름다운 유희를 떠올리며
봄날의 그리움은 아련한 추억에 젖는데
스쳐간 어느 것 하나라도
생사를 가늠하는 흐름 앞에서는
소중치 아니한 게 없어라.

낙화(落花)

가야할 길이라도 그렇게 가버리면
나는 어쩌나 뒤돌아 볼 겨를도 없이
하얗게 타오른 봄날의 정염
한 줌 남김없이 쏟아내고
분분히 지는 낙화여
이제 가면 언제 다시 만날까.

꽃다운 나이에도
심술궂은 비바람 한 번에
꺾이고 마는 순정
찰나 같은 짧은 사랑에
무정한 세월이 야속해도
만남과 떠남의 윤회를 어이하리야.

희망을 향한 질주

달려봐 세상 끝까지 뜻한 바를
이루기 위한 도전은 계속되어야 해
저 푸른 숲의 정기를
폐부 깊숙이 들이마시고
연둣빛 새순들의 눈부신 함성을
가슴속 깊이에서 울림으로 느껴봐

계절은 하루가 다르게 질주하는데
세상이 온통 푸르게 푸르게
신록의 물결로 넘실대는데
희망의 빛살은 꿈꾸는 자에게
더 찬란히 다가올 터이니
세상의 중심에 우뚝 서라 당신이여.

봄날은 가는데

겹벚나무 꽃그늘 아래서
봄날의 정취에 젖어들면
폭죽 터지듯 망울망울 터지는
분홍빛 겹벚꽃의 탄성에
연둣빛 새순들의 재잘거림에
누구라도 숲속 작은 음악회에
초대받은 오늘의 주인공이 된다.

향긋한 봄 향기에 취해 꽃길을 거니는
아름다운 마음은 또 다른 꽃이 되고
지금 이 순간을 사랑하소서
화사한 봄꽃들의 속살거림에
가슴에 담아두고 싶은 한 시절
떠나보내고 싶지 않은
이 찬란한 청춘을 어이하리야.

황매산 철쭉

온 산을 붉게 붉게 물들이는 꽃물결
하늘로 하늘로 뻗어가는 갈망인 양
뜨거운 정염을 쏟아내는
님 그리는 마음
가슴 아린 그리움이 피어나는데

님께서는 산 너머 어디쯤을 헤매시는지
산등성을 가득 메운 선홍빛 물보라에
눈이 시려 발걸음을 돌리셨나
님 소식에 귀 기울이는 핏빛 연심이
진홍빛 꽃물결로 황매산을 물들입니다.

봄날은 가도(2)

절로 터져 나오는 탄성
일렁이는 꽃물결에
봄빛마저 너울너울 춤을 추는데
부러울 게 없는 이 봄날
가슴을 열어 제치고 환호해봐
온 사방에서 꽃들의 연회가 진행 중이야.

스치는 바람조차 향기로우니
홍자색 철쭉들이 어울려 부르는
사랑의 하모니에 귀 기울여봐
생은 축복이라고
봄날은 가도 오늘의 빛나는 순간들을
마음껏 향유하라 하네.

대숲(3)

하늘로 하늘로 뻗어가는
대나무의 푸른 기상
고난 속에도 쓰러지지 않는
강인함이 깃들어있고

언제까지고 꿋꿋한 척
나약함을 보이지 않으려는
늙으신 아버지의 마음처럼
바람 부는 날도 대숲은 속으로 우나니

사시사철 맑은 향기를 품고 사는
올곧은 정기
탐욕에 찌든 혼탁한 세상에서
우리가 지녀야 할 삶의 마음가짐일지라.

청춘 그 열정에 대하여

몇날 며칠 밤을 지새워도
뜨거운 가슴 식을 줄을 모르고
활화산처럼 타오르는
꺾이지 않는 열정
태산도 넘을 수 있다는 신념에
새로운 도전은 새 빛이 도는
청춘은 저 무성한 숲과 같아라.

만용을 두려워 않는 개척정신은
실패와 좌절로 길을 잃어도
창창한 기백으로 다시 일어설 수 있을 터
젊음도 한 시절 피는 꽃과 같은 것
무한한 가능성이 존재하는
생존의 울 정글 안에서
젊음이여 자신만의 길을 찾을 지어라.

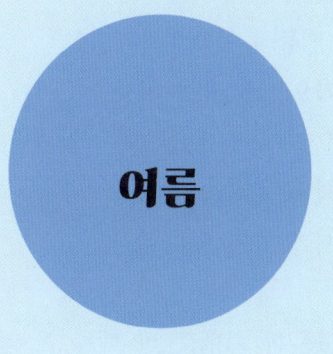

여름

친구여(3)

불현 듯 떠나간 친구가 그리워지는
봄을 타는 늙은 사내
안부를 묻는 벗들의 목소리가
울림으로 다가오는데 꽃이 지듯
누가 먼저 먼 길 나설지 알 수는 없지만
친구여 그날까지 잊지는 마세나
그대가 있어서 외롭지 않다네.

하늘을 찌를 듯 한 기백도 한 때
이제는 순응하는 삶을 살아야 하기에
백구(白球)의 제전에 어깨동무를 하고
함께 부르던 노래가 아직도 귓가에 쟁쟁한데
친구여 작별인사는 묻어두고
술잔을 기울이며 우정을 나눠보세
저 길 끝까지 우리 함께 동행하기를.

동강할미꽃

동강에 새날이 밝으면
아침을 반겨 맞는 고운 미소로
눈부신 강물의 정기를 흠뻑 들이키고
하늘을 향해 반듯하게
새색시 같은 미모를 자랑하는 꽃이여
그 이름 동강할미꽃.

봄마중에 나서는 설레는 마음
너도 가슴이 두근거리나
자줏빛 치맛자락을 흩날리듯
수줍은 듯 도도한 듯 꼿꼿한 자태로
얼굴을 스치는 맑은 강바람에
하늘하늘 가슴시린 봄날을 노래하네.

어머니의 손맛(2)

진달래꽃 붉은 연심에 꽃잎 하나하나
고운 마음을 담고 제비꽃과 어울려
천생연분처럼 어우러진 조화로움에
봄향기까지 더해 빚은 화전
입안에 삼키기도 전에 은은한 맛에 취하니
달뜬 마음 마냥 두근거리는데

님과 함께하면 더 좋고
낯선 이들과도 스스럼없이 덕담이 오고가는
탄성을 자아내는 어머니의 손맛
어머니의 그 지극정성 사랑이 담기고
당신의 마음까지 녹아있는 화전 앞에
가슴 가득 당신을 향한 그리움이 일렁입니다.

일품요리 특별한 맛
  -차돌박이 팽이버섯 쌈

배곯던 시절 허기를 달래려
보리밥 한 공기에도 포만감을 느끼고
차돌박이쌈은 꿈에서도 만날 수 없었는데
분홍빛 색감은 입안에 삼키기도 전에
눈이 먼저 호강을 하니
너는 허락도 없이
온통 내 마음을 훔쳐가는구나.

잘강잘강 씹히는 연육의 향긋한 식감에
톡톡 튀는 숙주와
팽이버섯의 환상적 어울림
맛깔스런 일품요리에
형언할 수 없는 맛의 풍미함에 반하고
뇌리에 남는 진한 여운으로
나는 몇날 며칠 네 생각으로 행복하겠네.

꽃은 져도 그리움은 남아

빛이 되고 싶었어
그늘진 곳도 환히 밝히는
내 안의 모든 것을 불살라
아름다운 사랑을 노래하고 싶었어
세상을 따뜻하게 감싸 안는
실의에 빠진 이들에게 위안이 되고 싶었어.

수많은 바람들이 모여
꽃잎 하나하나에 염원을 담아내며
새날 새봄을 빛내고 싶었는데
향연은 끝나고 속절없는 세월 앞에
꽃은 져도 그리움은 남아
내일을 향한 푸르름이 희망을 이어가네.

희망의 바람

호미곶 넓은 들을 가득 메운
봄을 노래하는 유채꽃 물결
잔잔한 금빛 바다처럼 출렁이는데
시린 겨울밤을 이겨낸 인고의 시간이
오늘의 장관을 연출하노니 꿈꾸는 자는
한때의 시련을 두려워 않을지라

한 마음 한 뜻으로 어울려 부르는
생명의 찬가 고초를 견뎌낸 만큼
기쁨은 더 크게 다가오고
뿌린 대로 거둔다고 했으니
꽃바람 속에 쑥쑥 커가는 희망
끝내는 풍성한 결실을 이루리.

어울려 사는 삶

등을 지고 돌아누워도
마주보고 상냥히 웃어도
함께 가는 세상사
너도 나도 세월 따라 울고 웃는 인생여정
기왕이면 다홍치마라고
봄꽃처럼 환하게 날마다 좋은 날
멋들어진 날들이면 좋겠네.

어울림의 참 의미는
각기 색다른 맛을 지닌 식재료가
한데 어울려 새로운 맛을 이끌어내는
비빔밥의 묘미처럼
화합하는 조화(調和)일지라
우리네 삶도 그러할지니
어우렁더우렁 어울려 더불어 살고지고.

행복은

삶의 행복을 찾아 나서면
사방팔방에서 내게로 오라 손짓을 한다
유채꽃 만발한 들녘에서도
개울을 건너고 산을 넘어서
탄성을 자아내는 풍광 속의 명승지에서도
수려한 경관을 자랑하며
마음의 평화를 얻으라 하지만

욕망을 다 담아내지 못한
가슴 한쪽에 눌러앉은 허전함은
무엇으로도 채울 수가 없는데
심란한 심중을 달래주는
나의 사랑 나의 가족의 환한 웃음 속에서
소담스런 기쁨을 만끽하기에
행복은 내 마음속에 있는 것이라네.

망각과 회상(回想)

바람처럼 왔다 꽃처럼 피었다가는 인생
망각 속에 잊혀져간
가슴 시린 젊은 날의 사랑
한 사랑이 가면 또 다른 사랑이 오지만
삶은 언제나 채울 수 없는 갈증 속에
부족함을 메꾸려 안간힘을 써도
끝내는 허망함 속에 눈을 감는데

한 시절 핏빛 진달래꽃처럼 불태웠던 사랑
지나간 사랑은 이미 사랑이 아니건만
가슴 한 켠에 말 못할 사연으로
화인만 남은 옛사랑이
세월 가도 잊히지 않음은 무슨 연유인지
그리워하지 않아도 추억되는 그 사랑이
봄이면 혼자서도 진달래꽃처럼 피고 집니다.

백모란이 피는 까닭은

욕심을 비운 마음
화려함까지 내려놓고
정결한 순수함에 온몸을 던졌어도
여왕의 품위는 잃지 않았으니
부귀함이 깃든 자태로
고고한 멋을 한껏 뽐내는구나.

남들은 다 붉은 정염을 자랑해도
너는 홀로 하얗게 하얗게
봄밤을 밝히니
양갓집 규수처럼 기품 있는 정숙함을
만고에 빛내려 함이더냐
내가 너의 그 고귀한 기상을 기억하마.

사랑 그 아름다움에 대해

달아나는 너를 쫓아 뒤따라가도
붙잡을 수 없는 건 감정을 묶어둘 수 없듯
넘어설 수 없는 인연이지만
나를 버리고도 세상을 사랑하는
시대를 뛰어넘는 숭고한 사랑은
만인이 우러러는 빛이 되지.

한 시절 뜨겁게 타오르는 불 같은 사랑도
시절이 가면 잿불처럼 사위어져 가느니
아름다운 사랑은 가슴으로 하는 거야
오래오래 간직할 수 있도록
생사를 뛰어넘는 영원으로 이어지는 사랑
이타적(利他的) 사랑이 참 사랑인 것이지.

사랑의 빛

반짝 반짝 금가루가 휘날리듯
온 천지에 눈부시게 일렁이는
저 찬란한 빛살을 보라
그늘진 곳에도 사랑의 빛이
생령을 불어넣고 희망을 싹트게 하는
오늘 이 순간이 축복이나니

봄을 빛내는 산딸나무 꽃향기가
싱그러운 바람 따라 산숲을 거니는데
생명의 빛 청정 기운을 들이킨
초록으로 물들어가는 푸른 기상이
가고 나면 다시 오지 않는 삶
하루를 살다가도 의기 있게 살라 하네.

* 의기(意氣):기세가 좋은 적극적인 마음.

세월의 바람 앞에서(6)

절정을 넘나드는 화려한 꽃들의 향연도
가고 오는 흐름 앞에서는 한 시절
제 철에 피는 꽃이 더 아름답고
꽃 진후에 가슴에 남은 여운
아쉬움이 가득해도
그 무엇도 섭리를 거스르지 못하니

시대를 호령하는 영웅호걸도 절세가인도
세월의 뒤안길에서는 인생 일장춘몽
꽃이 진다고 서러워 말게나
너도 가고 나도 가는 생의 여정
이루고 이루지 못한 그 모두가
천명을 따르는 순리인 것을.

사진 : 故 진덕 김태일 작가님.

시절단상(時節斷想)(2)

푸른 잎새는 날마다 윤기를 더해가고
초록빛 싱그러움이 산들바람 따라
하늘하늘 춤을 추는데
눈 돌리는 곳마다 꽃들이 노래를 하니
부러울 게 없는 이 계절
오늘의 신록이 내일의 풍성한 결실로 이어지리.

음미하는 자 더 머물고 싶은 희구와
변화하는 흐름과의 간극은
누구도 메울 수 없는
생성과 소멸의 섭리를 따라야 하는데
그 큰 물결 속에서도
오늘 이 광명이 내일은 더 환하게 빛날지라.

이팝나무 흰 꽃물결의 의미는

하얗게 하얗게
꽃물결로 출렁이는 눈부신 자태에
가슴속에서 하얀 물보라가 일렁이니
보릿고개로 배곯던 시절
쌀밥 한공기가 그리운 그 열망을
선인(先人)들은 너를 보며 달랬나 보구나.

허기진 마음
푸근한 네 심성에 기대고
풍요로움을 갈망하는 이들
내일을 향한 기대가 구름처럼 부풀게 하는
흐드러지게 핀 순백의 꽃무리가
소망의 등불로 오월을 빛내네.

바람과 구름과 푸른 기상

바람이 가는 길 주저함이 없어도
태산 앞에서는 쉬어가고
바람 따라 흐르는 구름
심산(深山)의 절경에 취해
신성한 운해를 이뤄 장관을 연출하니
산수풍월의 무구함에 마음도 맑아지네.

계룡산의 청정한 정기
오욕에 탐닉하는 끝없는 욕심으로
세속에 찌든 중생의 마음을 씻어내고
푸르른 기상은 세상을 밝게 이끄나니
산이 내일의 희망을 노래하듯
늘 푸른 이상을 품고 살면 우리의 삶도 빛나리.

아름다운 동행(4)

어디로 가는 겐가
너와 내가 가야할 길
오가는 이 모두가 하나 같이
자신의 길을 가지만
우린 타인이여도 동행인
마음을 나누면 인생길 등짐도 가벼워지리.

아름다움을 함께 하면
굴곡진 세상사도 환히 빛나고
덧없는 세월도 벗할 수 있을 터
좌절과 실의에 빠진 이들
사랑의 손길로 감싸 안고 함께 가면
더불어 사는 세상 발걸음도 가벼워지리.

살맛나는 세상(4)

살다가 살다가
미련 없이 떠날지라도
잠자듯 숨 멎는다면 그 또한 축복일지라
증오도 미움도 남기지 말고
사랑하기에도 부족한 시간
기쁨도 아픔도 나누며 살고지고.

하늘거리는 보랏빛 등꽃들이
눈부신 시절을 노래하는데
등나무 그늘아래 둘러앉은 허허로운 마음
세상사는 재미 소소한 일상에서 느끼고
힘들어도 살만한 세상
날마다 좋은 날 우리가 만들어갈지라.

역경을 넘어서면(2)

팔공산 비로봉 정상 아래 암벽 바위 틈에서
빗물 한 모금 이슬 한 줌으로
세월을 이겨낸 철쭉 한 그루
모진 풍파 비바람 눈보라 속에서도
꽃피는 시절을 노래하려 주어진 소명을 다해
끝끝내 아름다운 사랑을 피워내네.

엄동설한 살을 에는 삭풍(朔風)을
홀로 맨몸으로 견뎌내면서도
꺾이지 않은 기상
만개한 꽃송이 송이마다 담아내며
생은 꿈을 이뤄가는 것이니
의지가 있으면 뜻을 이루리라 하네.

기대와 희망으로

찬연한 꽃보다 아름다운
세상을 향한 시선
동심의 세계가 희망이 되고
아이들의 해맑은 마음이
우리가 희구하는
새로운 날들을 열어갈지라

오늘의 여린 꿈나무가
내일엔 튼실한 기둥이 되고
날마다 자라나는 무한한 사랑
우리가 못다 채운 빈자리를
따뜻한 마음으로 꽃피게 할 터
내일날엔 새 세상의 주인공이 되리.

함께 부르는 사랑의 노래

혼자 있을 땐
눈여겨보지 않아도
각각의 자아가 모여 새로운 하나가 되는
붉디 붉은 꽃물결로
소래풀꽃이 어울려 부르는 사랑의 노래
만인의 시선을 단숨에 사로잡아요.

함께 나누는 아름다움은
기쁨은 배가 되어 더욱 빛나고
가슴 가득 존재의 의미를 느낄 수 있으려니
함께 누리는 생의 찬미
오늘의 축복에 감사하며
희망찬 내일을 향해 나아갈지라.

꽃불 같은 사랑

단숨에 마음을 앗아가는
불그스레 웃는 모습에
몇날 며칠을 네 생각에 잠기고
온전히 가슴으로 안아주고 싶은
풍미(豐美)한 사랑
뒤돌아서도 아릿아릿 뇌리에 남는데

정열의 화신인 양
오월의 여왕다운 화려한 자태로
젊은 날의 사랑처럼 주체할 수 없는
꽃불 같은 사랑
한시도 눈을 뗄 수 없는 너와의 사랑에
세상이 온통 핑크빛 물보라로 출렁이는 듯하네.

세월의 바람 앞에서(7)

계절 따라 철마다 꽃은 피지만
한번 간 청춘은 다시 오지 않으니
때를 놓치면 기회를 잃는 것이요
운명도 외면할 터
그대여 깨어있어라
내 삶의 길은 스스로 열어가야 하느니.

내 것이 아닌 것을 탐한 들
손안에 없는 금은보화가 무슨 소용이랴
마음이 여유로우면 삶도 평화로울 진데
한 시절 피었다 지는 꽃처럼
영화도 욕망도 바람 같은 것이라
그대가 떠난 뒤에야 인생이 완성되리.

꽃길(6)

초록이 눈부신 들녘을 걸어 봐요
들판을 가득 메운 금계국이
환하게 웃으며 손짓하는 꽃길을
마음을 열고 귀 기울여 봐요
상큼한 향기를 전하는 꽃들의 속삭임
세상은 아름답다 노래를 하지요.

황금빛으로 출렁이는 꽃물결 따라
계절의 향기가 넘실대는데
수줍은 듯 생글거리는 금계국의 미소 속에서
젊은 날의 우리들의 사랑을 보아요
청춘은 저물어도 당신과 마음을 이어주는
사철 내내 웃음꽃이 피는 꽃길을 걸어요.

감자꽃

상큼한 웃음꽃이 피는
연보랏빛 꽃송이마다
물씬 물씬 꿈이 부풀고
알알이 영글어가는 내일을 향한 기대
땀 흘린 만큼 결실은 이루어지리니

푸석푸석한 흙을 털어내고
토실토실 살찐 맨살을 들어낼 땐
철없던 시절 순이의 하얀 목덜미에
시선이 머물던 기억이 떠오르며
감자꽃 향기에 아련한 향수에 젖어드네.

그리움은 시공을 넘어(2)

잊지는 말아요
님께서는 어디쯤을 헤매는지 알 수 없어도
나는 여전히 그리움에 몸살을 앓아요
세월 앞에 녹스는 철조망처럼
두고 간 마음 빛을 잃어가지만
님 향한 그리움은 끝이 없네요.

눈이 시린 따가운 햇살 아래
진초록 녹음이 무성해져 가도
길을 잃은 사랑 갈 곳을 잃었는데
사무치는 마음은 창공을 날아오르니
어느 하늘 아래서도 기억해 줘요
별처럼 영롱히 빛나던 그날의 사랑을.

공존의 아름다움

맑은 솔향은 십리를 내 달리고
꽃나무의 꽃향은 계절이 가도
마음속에 진하게 남고
청송의 청정한 기백
천년을 아우르니

유구한 흐름에 순응하는
아름다운 나무가 전하는 세상 이치
깨달을 수 있다면
그 순수함 속에서
생을 빛나게 하는 아름다움도 깨칠 수 있으리.

행복찾기(2)

순간이 영속되며 영원으로 이어지는
생사윤회(生死輪廻)의 세계
한 번 가면 다시 못 올 삶의 순간을
헛되게 보낼 수는 없지 않은가
어디서 무엇을 하든 마음속 평화를 찾아
현재에 충실할지라.

내일을 향한 희망을 가슴에 품고
주어진 여건 속에 최선을 다하노라면
운명을 넘어서 뜻을 이룰 수 있으리니
먼 길 돌아 돌아오는
행복 찾기에 몰두하지 말고
오늘 하루를 그대의 축복의 날로 만들지라.

사랑의 길(5)

사랑은 찾아오기도 하고
인연이 아니라 스쳐가기도 하며
눈물을 뿌리며 뒤돌아서기도 하는데
당신과의 만남은 필연이었어
내 삶에 빛으로 온 당신
세상을 다 가진 듯 황홀한 사랑
그 사랑 따라 파라다이스가 펼쳐지네요.

눈빛만으로 마음이 전해지고
함께해서 힘이 되는
이해와 배려로 생활 속에 녹아든 사랑
흘러가는 생의 물결 따라
우리의 사랑도 늙어가지만
서로 위안이 되고 기쁨이 되는
믿음 속에 함께 가는 삶이 곧 사랑이나니.

사진 : 박진수 작가님.

내일을 준비하는 황혼의 아름다움

대부도 서해바다가 집어삼킨
저녁 해가 토해내는 핏빛 석양에
내일에 대한 기대가 부풀며
하늘과 바다가 어울려 빚어내는
빛과 우주가 만나 새 지평을 여는 것인지
어떤 극찬도 다 담아내지 못하는
장엄한 정경을 그대 본 적 있는가.

돌아서는 마음 허전함에
저무는 하루해를 떠나보내기 아쉬웠나
새날을 준비하는 기다림의 시간이
연출하는 오묘한 경관(景觀)에
숨이 멎을 듯한 벅찬 감동으로
바라보는 이 조차도
한 폭의 웅장한 그림 속 존재가 되네.

64 사랑앓이 끝에 피는 꽃

가을

황혼의 기원

저무는 하루해가 빚어내는
붉게 타는 저녁놀은
지난 시간 아쉬움을 돌아보는 그리움입니다
흘러간 세월 속에
못다 한 사랑에 대한 갈망입니다

평화와 안녕을 빌며
다시 못 올 길 떠나는 마음
내일에 대한 기대가 차오르는 만큼
사랑하는 이들의 평안을 구하는
황혼길 심중을 담은 기원입니다.

존재의 의미

만물의 영장 인간도 우주 속에서는
한 갓 티끌이고
미미한 터럭 같은 미물도
그 존재의 이유가 있을지라

보잘것없는 듯 보여도
섭리에 따라
대신할 수 없는
저만의 역할이 있으니

한 방울의 물이 모여 개울이 되고
강이 되어 바다에 이르듯
세상사 어느 것 하나
소중치 아니한 게 있으랴.

오봉산과 백련

오봉산의 짙푸른 기상
세속에 찌든 욕심
정결히 씻어 내고
세상 혼탁함에도 물들지 않는
두 손 모은 기원에 백련의 맑은 향기
푸른 들녘의 연 밭에 그윽이 피어오른다.

진흙 벌에 발을 담그고도
수도승처럼 고결한 자태로
지극정성 자식의 안위를 비는
어머니의 마음으로 세상의 자비를 구하는가
그 거룩한 기품에
내 안의 부질없는 욕망이 더없이 부끄럽네.

소금꽃처럼 향기는 없어도

휘영청 밝은 달빛 아래
술잔 속에 찰랑거리는 달빛을 마시고
한 잔 술에 사랑을 마시고
술 한 잔에 세월을 마시면
한밤에도 음풍농월로 유유자적하려니
세상사 마음먹기에 달렸는데

살며 사랑하며 베풀고 나누고
바람처럼 물처럼 구르고 흐르며
살다 보면 살아지는 삶
내 삶은 다난해도 소금꽃처럼 향기는 없어도
미소를 품은 충분히 숙성된
해묵은 소금 같은 삶이고 싶네.

마음(6)

세상사 마음먹기 따라 달라진다 했는데
마음과 마음이 이어지면
시공간을 넘어서도
정으로 연결된 연(緣)은 계속되고
사랑 가득한 세상이 열릴 터

마음속에 또 다른 내가 있는지
시시각각 상황에 따라 심중은 변해도
마음속에 길이 있으니
인생사 동행길 배려와 나눔으로
마음의 평화를 얻고 싶어라.

빛과 어둠(4)

어둠 속에서도 빛은
찬란함이 차오르는 순간을 기다린다
평생을 토굴 같은 암흑 속에 숨어 살아도
마음은 화창한 빛살을 머리에 이고
안온한 심중으로 세상을 바라보고파
꿈꾸는 자의 삶이여 빛나라.

어둠 속에서는 악취가 진동하는 인면수심도
증오심도 감출 수 있어도
눈부신 광명 앞에서는
치부를 드러낸 속인(俗人) 숨을 곳이 없으니
교만과 시기가 횡행하지 않게
늘 해맑은 마음이 찬연히 빛나면 좋겠네.

대한의 이름으로(2)

밝아오는 동녘의 빛살 같은 찬란한 미소가
삼천리 방방곡곡에 폭죽 터지듯 터진다
백의민족 선한 심성이
거리마다 꽃물결을 이룬다
세계로 뻗어나가는 대한의 밝은 내일을
우리의 꽃 무궁화꽃이 어우러져 축복을 하네.

너도 나도 손잡고 함께 나가자
우리가 가야 할 길
피와 땀의 결실로 이뤄낸
대한민국의 무궁한 번영의 길
자자손손 만복을 누릴 영광의 길
대한의 굳건한 위상 세계만방에 우뚝 서리.

인생길(7)

힘들게 오르막길을 오르고 나면
쉬이 쉬어갈 수 있는 내리막길도 있고
잠시 머물러 가기도 하는 것이
새옹지마 인생길일세.

잘나고 못나고 상관없이
목적지까지는 한걸음에 달려갈 수 없고
돌아가도 모로 가도 직진을 해도
끝내는 종착지에서 이별을 고하는데

우리가 살면 천년을 사나
세상사 내 맘대로 되지 않아도
허허실실(虛虛實實) 하더라도
어우렁더우렁 한 세상 살다 가시구려.

아름다운 귀향

강물을 거슬러
모천(母川)을 찾아가는
연어의 회귀본능처럼
형형색색의 꽃들도
저마다의 꽃을 피우고는 씨를 남겨
다시금 돌아오는 계절마다
자신만의 색깔로 생(生)을 노래하는데

우리가 가는 길 '본향'이 '귀천'이련가
천상에서는 꿈에서 만나는
어머님도 만날 수 있을는지
먼 길 떠나기 전에
유년의 시절 개구쟁이들이 함께 뛰놀던
고향 동산을 둘러볼 수는 있으려나
세월 따라 고향의 향수도 짙어져만 가네.

가시연꽃

철옹성처럼 온몸에 가시를 두르고
여왕을 닮고 싶은 마음
빼어난 미모에 도도한 풍취는
바라보는 것만으로도 마음을 앗아가는
혹하게 하는 아름다움
누구를 사모하기에 그토록 우아한 치장을 했나.

보랏빛 눈부심에 이끌리어
오래오래 눈 안에 담아두고 싶어도
행여 눈 멀 것 같은 아찔한 고고함이여
전생에 못다 한 사랑
이승에서 이루려
그리도 황홀한 자태로 빛을 내뿜는가.

청솔의 맑은 정기를 닮고파

길이 아닌 곳에도 길은 있고
마음을 두지 못할 곳에서도
생명은 뿌리를 내리나니
천년세월도 푸른 기상을 꺾지 못하는
그 꿋꿋한 기개(氣槪)를 닮고 싶어라.

화려함도 현란함도 탐하지 않고
비바람 눈보라에도 흔들리지 않는
순수한 일념 하나
세상에 전하고픈 맑은 정기
그 청정한 기백 만고에 빛날지라.

끝나지 않은 도전(3)

힘찬 날갯짓으로 날아올라라
아득히 멀고 멀어도
이상향의 세계를 향해
힘에 부치면 쉬었다 가면 되지
끈질기게 영역을 넓혀가는 잡초처럼
멈출 수 없는 도전
의지가 있으면 길이 열리리.

무한한 가능성이 내재된
상념의 바다에 배를 띄우고
해풍을 등에 업고 파도를 가르며
생명의 불꽃이 꺼질 때까지
힘차게 노를 저어라
우리가 만들어가는 역동적인 세상
그대가 삶의 주인공인 것을.

산중한담(山中閑談)

바람아, 가파른 산능선을
숨 가쁘게 내달리지만 말고
초록이 윤기를 자랑하는 그늘 아래
옹기종기 모여 있는 사찰 장독대 앞에서
잘 익어가는 장맛의
풍미한 향기에 잠시 쉬었다 가렴.

쫓기듯 사는 삶에 지친 중생의 고뇌
한 많은 사연은 내려놓고
축복받은 오늘 하루 싱그러움에 취하고
산사를 휘감아 도는 신성한 기운으로
세월을 잡아두고 우리 함께
마음의 평안을 누리면 좋겠는데.

배롱나무 백일의 기도

정열적인 햇살 아래
더 붉어지는 얼굴
님 향한 연모에
두 손 모은 바람
백일동안 지지 않는 붉디붉은 꽃으로 핀다.

기다림의 시간
애절한 그리움에 저미는 가슴앓이
사랑의 혼불은 어디를 방황하는지
분홍 꽃잎마다 물드는 핏빛 연심에
시절은 가도 변치 않는 사랑이 담겨있네.

삼성궁 가는 길

초록바다가 그리웠더냐
한여름 녹음을 끌어안고
만민의 번민도 품어 안고
초록빛으로 일렁이는 심연의 연못 앞에선
신선(神仙)도 와유명산에 심취할 듯하니
삼성궁 가는 길 별천지가 따로 없구나.

도를 수행하는 심신의 수련도 숨고를 시간
정적에 잠긴 도량(道場)에
깨우침을 구하는 구도자의 심경조차도
진초록으로 물드는 한여름 하오
내 영혼 뉘일 곳이 이곳이던가
뜬 구름마저 무념무상으로 쉬다 가라 하네.

세월이 가고 사랑이 가고

달빛도 졸고 있는
남국의 밤바다는 말없이 일렁이고
할 일 없이 무료한 계절풍은
야자수 그늘 아래를 맴도는데
세월 가도 시들지 않을 것처럼
찬연하던 내 사랑은 어디를 갔나.

아름답던 시절은 가고
꽃 같은 젊음도 빛을 잃어
희미해져 가는 기억 속의 사랑의 유희
잔영만 남아 잊혀져 가는데
생명의 불꽃 눈물겨운 마지막 몸부림에
잠 못 드는 밤은 망상의 나래만 펄럭이누나.

국수 한 그릇에 담긴 엄니의 사랑

콩국수 한 그릇에 엄니 생각이 난다
땡볕을 머리에 이고
아침 일찍 밭일 나갔다가 급하게 돌아와
땀방울이 송글송글 맺힌 그대로
여덟 살 아들 점심을 챙기는 엄니의 사랑
가난에 찌들어도 행복했던 시절

우물에서 금방 퍼 올린 찬물로
삶은 국수를 헹궈
잘 우려낸 멸치 국물에 말아
오이 몇 조각을 그 위에 얹은
국수 한 사발에 가득 담긴 사랑
그때는 몰랐어요 어머니의 무한한 사랑을.

검정 고무신 추억

십리 길을 걸어서 국민학교를 다니면서
개울물을 건너다 물방개를 잡아
검정고무신에 넣어두고 좋아라 하고
엄마의 사랑이 담겨
신어도 신어도 닳지 않던
내 어린 시절의 보물

호롱불을 끄고 난 후 야심한 밤에
초롱 초롱한 별들이 고무신 안으로 숨어들어
수많은 꿈들이 피어나고
메뚜기 날아오르는 가을 들길을
고무신은 손에 들고 순이와 맨발로 걷던
해맑은 추억들은 너를 따라 다 어디로 숨었나.

사랑의 동행(8)

닫아 건 창문을 열어주세요
마음의 창을 열면
바람이 날아들고
사랑이 살포시 날갯짓을 하겠지요.

한밤중 별들도 잠에 취해 곯아떨어지면
아무도 모르게
제 마음이 살그머니 소리도 없이
흔적도 남기지 않고

님의 베갯머리 앞에서
코를 고는지 이를 가는지
한참을 지켜보다 마음은 남겨두고
밤하늘을 가로질러 돌아오렵니다.

천리길도 사랑을 막아설 수는 없고
님을 향한 시공을 뛰어넘는 연심
알뜰살뜰 쌓여가는 정분에
사랑이 그리움을 품어 안는 인생동행이 됩니다.

-묵호에서의 젊은 날의 사랑을 추억하며….

사랑이 가도 그리움은 남아

아담과 이브가 싱그럽도록 순수한
눈부신 모습 그대로
부끄럼 없이 거닐었을 낙원 같은
가고 싶은 그곳
뜨거운 열기를 삼켜버린 철 지난 바닷가는
파도가 허연 거품을 물고 철썩이는데

그대와 걸었던 백사장 위에
남겨진 발자국은 지금도 주인을 기다리려나
사랑은 가도 추억은 남아
아름답던 시절 그리움을 불러오지만
해변을 가로질러 내달리는 바람은
지나간 사랑은 흘러간 세월 속에 묻어두라 하네.

가을편지

실바람이 봉숭아 붉은 꽃잎을 희롱하다 말고
익어가는 대추알을 만지작거리는데
벚나무 잎은 하나 둘 빛을 잃어가니
어느 결에 왔느냐 너는 기별도 없이
가을에는 연락 끊긴 그리운 이에게도
소식을 전하고 싶건만
물빛 하늘을 배회하는 마음 갈 곳을 몰라하네.

이름 모를 풀벌레 울음소리
먼저 간 벗을 찾나
돌고 도는 윤회의 삶
그 끝은 어디일지
깊어지는 사유가
가고 오는 시절 앞에 숙연해지는데
누구 앞으로 띄워야 할까 가을편지를.

천사의 나팔

밤사이 아기 요정이 풀숲에서 잠들다
새벽별을 따라 하늘로 올라간 뒤
동녘이 밝아오면 기상나팔을 분다
새날을 마중하고 희망을 노래하라고
촌각도 헛되이 보내지 말고
오늘의 성찬을 준비하라 한다.

꽃 한 송이 풀 한 포기도
서로 아침을 맞아 인사를 나누는데
그대를 깨우는 생령의 빛에
마음의 창을 열고
사랑을 베풀고 있어야 할 곳에서
필요한 곳에서 세상의 소금이 돼라 하네.

새날의 아침에

용솟음치는 정기로
해를 토해낸 바다 핏빛으로 물들고
밝아오는 새날의 하늘에
무한한 꿈이 어리면
흰수염 고래를 쫓는 어부
하루를 마중하는 가슴이 뛴다.

떠오르는 동녘의 빛살은
만인의 가슴에 활력을 불어넣고
아침을 여는 이들 발걸음에 힘이 실린다
뜨거운 가슴이 쏟아내는 열망
이루리라 뜻한 바를
꿈꾸는 자 도전하는 삶이 아름다우리.

생명의 빛으로

한 알의 밀알이 꽃을 피우기까지
한 방울의 땀도 헛되지 않게
한 톨 한 알에 정성을 담는다
푸근한 흙에 입맞춤하듯 허리 굽혀
자식처럼 자라기를 바라는 진심을 심는다.

애쓴 만큼 보람으로 열매 맺기를 소망하며
두 손 모은 기원 하늘도 알리라
사랑을 품는 흙은
생명이 시작이자 나눔의 터전
마음의 양식까지 더불어 거두게 하소서.

가을 들녘에 서면

어깨동무를 한 황화 코스모스가
소슬바람 따라 물결처럼 일렁이면
점점이 물들어가는 가을 정취에
그리움이 밀려오는 여심
내 마음 나도 모르는
여인의 순정도 해맑은 꽃으로 핀다.

자욱한 새벽안개가 머물다 간 뒤
수정처럼 맑은 이슬이
치맛자락에 그렁그렁 눈물을 쏟아도
계절은 소리도 없이 가고 오는데
가을 들녘을 거니는 여인의 바람
사랑은 시들지 않는 꽃으로 빛나기를 기원하네.

꽃무릇(3)

산사를 둘러싼 사잇길 따라
맑은 눈빛 화려한 자태로
님 오시길 기다리는
못다 이룬 사랑
혼이 하늘로 오르며 두고 간 마음이
붉디붉은 꽃으로 핀다.

스쳐가는 갈바람에
님 소식이 담겼을까
애절한 연심 숨길 수가 없어
별을 보고 속삭이며 그리움을 달래도
공허한 마음 채울 수가 없는데
긴 속눈썹 끝에 어리는 눈물은 가을 풍경이 된다.

사랑탑

한 걸음 두 걸음 가까이 다가갈 때
두근거리던 내 마음처럼
발갛게 얼굴 붉히며
수줍어하던 당신의 순수함
형언할 수 없는 달콤함으로
사랑이 그렇게 다가왔지요.

떨어져 있어도 마음은 하나
손을 내밀고 손을 맞잡고
비바람 눈보라 속에서도 무너지지 않는
한 층 한 층 쌓아 올린
당신과의 사랑탑
내 마음속에 쌓은 불멸의 금자탑입니다.

고향의 가을

초가지붕 위의 박들이 하얗게 빛나는
휘영청 밝은 달밤에 툇마루에 앉아
말없이 별을 헤던 순이
지금은 손녀의 재롱 속에 인생 연륜이
석양처럼 물들어 가겠지만 시절은 가도
유년의 추억은 예전 그대로에 머물러있네.

산들바람에 긴 머리를 휘날리며
둘이서 신작로를 내달리고
성게를 닮은 밤송이가 툭툭 입을 벌리면
살찐 밤알이 배시시 얼굴을 내밀며
은은한 향기로 가슴에 안기던 고향의 가을은
세월도 잊은 채 향수를 불러온다.

세월의 바람 앞에서(8)

어둠 속에서 바라보는 세월의 눈빛이
사냥감을 노리는
표범의 눈초리처럼 매서운데
길은 멀고 날은 저물어
삶의 부침에 몸살 앓는 길손
갈 곳을 몰라한다.

마음속을 맴도는 바람
이루지 못한 것에 대한 아쉬움이 남고
시선이 머무는 저 길 끝에
곤한 몸 뉘일 곳이 있을까
연륜의 그림자가 길게 드리워도
저녁놀처럼 내 삶도 장엄히 물들어가면 좋겠네.

사진 : 故 진덕 김태일 작가님.

가을연가(3)

빛살 좋은 가을날
홀로 사색에 잠긴 청송이 부러워하라고
개미취꽃들이 어울려 부르는 사랑의 노래
물빛하늘에 울려 퍼지면
소슬바람에 실어 보내는
그리운 이를 향한 가을연가

젖은 마음까지도 뽀송뽀송해지는
바람 불어 좋은 날
연인이 아니라도
가슴을 펴고 우리 함께 노래하세
마음을 나누면 삶은 더 아름답다고
비취빛 향기의 가을이 눈부신 사랑을 선사하네.

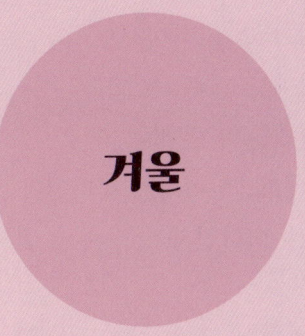

겨울

인생열차(2)

궤도를 벗어나서도 안 되고
정거장이 아니면 정차할 수도 없는데
아찔한 눈보라가 길을 막아서도
폭풍우 비바람에도 멈출 수 없는
무한궤도를 달리는 인생열차
여정의 끝이 해피엔딩이기를 바라건만
내가 내릴 곳은 어디인지

차창 밖으로 스치는 풍경 속에
지나온 인생 희로애락이 어른거리는데
내일의 해가 떠오르면
나는 어디쯤서 내 삶을 돌아볼까
만남과 떠남이 섭리이지만
인생열차에서 내리는 그날까지 나의 사랑
아름다운 동행 함께하고 싶어라.

아버지의 길

구부정한 등허리로 내려앉는
세월의 무게를 감당하지 못해
굽은 등짝이 하소연하는 무언의 언어
전쟁통에도 살아남은
일곱 식구의 가장이었기에
내 한 몸 돌보는 건 사치였다 하네.

시린 바람이 가슴팍을 들고나도
담대함을 잃지 않으려
짐짓 의연한 채
애써 강인한 척하는
아버지의 길 이제는 알았어라
속으로 속으로만 우는 아버지의 삶을.

인생길(4)

만경창파에 흔들리는 낙엽처럼
망망대해에 조각배 하나에 몸을 의탁해도
파도가 거세어도 항구를 떠난 배
귀항의 그날까지 만선의 꿈 버릴 수 없듯
무심한 세월 앞에
하염없이 흐르는 인생이지만

대양을 누비는 포부 가슴에 품고
물을 건너 산을 넘어
끝끝내 가야 할 인생길이나니
두려워할 게 그 무엇이랴
하늘의 부름을 받은 이유
마지막 그날까지 그 의미를 되새기리.

역경을 넘어서면

굴곡진 인생이라도 역경을 딛고
다시 일어서는 날
고초로 얼룩진 지난날의 상처도
인생살이 훈장이 되어
새날의 빛살은 더 밝게 빛나리.

좌절과 실의로 혼돈 속에
길을 잃은 자여 마음의 눈을 뜨라
오늘의 실패를 교훈 삼아
포기하지 않는 새롭게 준비하는 삶으로
내일은 더 높이 더 멀리 나아갈 수 있으리.

기원(3)

무엇을 바라는지
마음속에서 일렁이는 갈망
어둠을 밀어낸 빛살이
짙푸른 바다를 넘어 거침없이 달려오고
세상은 쉼 없이 삶을 이어가는데
안녕을 바라는 기원 하늘을 날아올라

오늘의 바람이 내일엔 더 큰 기대로
매일매일 희망찬 날들이면
모두가 희구하는 살맛 나는 세상 펼쳐질까
파도에 닳고 닳아도 윤기 나는 몽돌처럼
반짝반짝 빛나는 미소가 내 가슴속에
날마다 새순인 양 자라나면 좋겠는데.

설국 오색 령(嶺)에 오르면

은빛설국으로 변한 오색 령(嶺)은
숨 멎은 듯한 세상의 침묵 속에
눈꽃이 만발한 눈부신 설경을 연출한다
산도 숲도 한겨울 절정에 빠져들며
삼라만상 우주의 생성 이치를 깨치는 듯
고요 속에 인내의 참을 음미하는데

장엄함 속에 깊어지는 사유
인생사 한 획을 긋는 오늘의 존재 이유는
찰나의 기쁨에 그 의미를 부여하랴
백색의 순수가 이토록 아름다우니
내 마음은 오욕에 물들었을지라도
눈 덮인 산 숲에 한 마리 흰사슴이고 싶네.

한라산 상고대

시린 바람에도 맑은 향기가 묻어나고
나목의 가지마다 총총히 눈꽃이 피었으니
천상화원으로 가는 길목인가
한 폭의 수묵화 같은 수려한 절경에
눈부신 상고대에 아찔한 심중
가슴 가득 환희의 물보라가 일렁이는데

설화 한 송이 한 송이가 어울려
빚어내는 환상적인 절경
맑은 수정처럼 빛나는 상고대의 도열에
감동적인 명장면의 영화 속 주인공이 되고
장원급제 후 금의환향하는 선비처럼
청결(淸潔)한 세상에 첫발을 내딛는 듯하네.

빛과 어둠(3)

어둠 속에서도 빛은
희망의 나래를 펼치고
어둠이 세상을 암흑 속으로 밀어 넣어도
빛은 기다림 끝에 새날을 여나니

어둠과 빛의 조화는
흐름으로 생과 사에 반영되고
인간사 사랑과 미움처럼
하나의 근원에서 연유되는 윤회이런가.

희망(7)

엄동설한 꽁꽁 얼어붙은 혹한에도
꿈을 이루려는 간절한 바람
열정을 잃지 않으면
마음속에는 희망꽃이 피고
새날의 아침 눈부신 빛살은
역동적인 기운으로 온누리에 퍼져나가리.

살을 에는 듯한 추위가 인내를 시험해도
기다림 끝에 끝내는
내일날은 내일의 태양이 찬란히 떠오를지라
온몸에 하얀 눈을 뒤집어쓴
나목의 빈가지 마디마다
봄을 기다리는 마음 꺾이지 않는다네.

겨울 설악(雪嶽)

골 깊고 산 높은 겨울 설악(雪嶽)은
텁수룩한 턱수염에
은발을 휘날리는 헝클어진 머릿결에도
초췌해진 모습 애써 보이지 않으려
강인한 척 의연한 척
속을 드러내지 않는 깊고 깊은 마음의
장년의 아버지의 모습을 보는 듯하다.

슬픔도 아픔도 모든 것을 끌어안고
활화산 같이 치미는 분노도
안으로 안으로 침전시키는
꼬장꼬장한 모습의 아버지처럼
길들여지지 않은 야생마 같은
거친 암벽과 겨울 산숲이 어우러진
눈 덮인 설악은 그 이름 그대로 아름다워라.

동백꽃

시린 눈발을 머리에 이고서도
긴 긴 밤을 홀로 지새우며
마음속에 고이 간직한 사랑
님 향한 간절한 연모가
붉디붉은 꽃으로 피나니

가다리는 님은 언제 오실지
세월의 바람 앞에 고개 숙인 사랑
저미는 가슴앓이 애틋한 연정에
두 손 모은 절절한 바람이
그리움을 가슴에 묻은 한 떨기 꽃으로 핍니다.

꿈(4)

대청호 눈 덮인 들녘에 홀로 서있는
고독한 한 그루 나무처럼
숲이 되고픈 외로운 외침조차 공허한데
이제껏 걸어온 길 뒤돌아보면
앞만 보고 달려온 내 삶의 이력
내세울 것도 자랑할 것도 없으니

생존의 의미를 곱씹으며
그래도 따뜻한 가슴으로
사랑 가득한 삶을 누리고 싶건만
흰수염고래가 되고픈 바람은 꿈이련가
광야를 헤매는 야인으로
이름 석 자 세월 앞에 잊혀져 가네.

인생길(5)

북풍한설의 삭막한 눈보라 속에서도
섶다리 아래 흐르는 맑은 물처럼
가야 할 길 멈출 수는 없는데
삶과 죽음의 연결고리도
육신과 영혼을 이어주는 연(緣)도
내 마음속에 있나니

운명은 맞닥뜨려도 피할 수 있는 것인지
삶은 매 순간 선택의 연속인지라
어디쯤서 곤한 몸 뉘일 곳을 찾을지 몰라도
길 위에서 생(生)을 찾는 인생이여
세속의 굴레와 집착에서 벗어나면
혼돈의 세상에서도 해탈을 얻으리.

대봉감홍시

풍려(豊麗)함을 자랑하는 새색시처럼
붉디붉게 농익은 모습으로
한 폭의 수채화 속 가을 풍경이 되더니만
봉긋한 자태 그대로 얼음 실크를 걸치고
홍시의 맛과 멋을 자랑하려
겨울 내내 차례를 기다렸는데

얇은 명주옷을 벗은 주홍빛 살결의
대봉감의 탐스러운 나신에 반하며
붉은 속살을 한 입 베어 물면
부드럽고 달콤한
입 안 가득 넘치는 희열
나는 너와의 무언의 사랑에 빠지고 마네.

불멸의 사랑

사랑은 아낌없이 주는 것이라
당신이 내게로 와 빛이 된 날부터
내세로 이어지는 그 날까지
신명을 다해 그대를 사랑하노니
명을 다한 육신은 재가 되어도
나는 그대 가슴에 타오르는
생명의 불꽃이 되렵니다.

죽음이 우리를 갈라놓아도
해가 지지 않는 백야(白夜)처럼
당신을 향한 나의 사랑은 시들지 않는
당신 안에서 날마다 피는 꽃이 되어
억겁의 세월에도 변치 않는
할미 할아비바위의 숭고한 사랑처럼
불멸의 사랑으로 당신 가슴에 남으리다.

마음의 창을 열면

도시의 밤은 잠들지 않는다
불야성을 이뤄
수많은 인생 드라마를 엮어내는데
누군가는 별을 보고 소원을 빌고
누구는 환락에 취해 비틀거리며
한잔 술에 삶을 노래하지만
세월은 똑같이 각각의 생을 재단하느니

어떤 이는 세상사 시름에
뜬 눈으로 밤을 지새우고
누구는 세상모르게 깊은 잠에 빠져도
사랑과 미움도
어느 시점에서는 교차하는
빛과 어둠이 혼재하는 삶의 고뇌 속에서도
마음의 창을 열면 희망의 새날을 마중하리.

어머니(4)

척박한 바위틈에 뿌리를 내리고도
해풍에 맞서 꽃을 피우는 해국처럼
한 많은 피난살이 단칸방 셋방살이에
맨몸으로 부딪힌 억척스러운 삶으로
오 남매를 키워내신 어머니
간밤의 꿈에선 당신께서
어찌 그리도 수척하신지요.

천상에 오르신 그 길을 못난 아들이
뒤따르면 당신을 만날 수 있을까요
숨 거두기 전 사과 한쪽에도 감사해하던
당신의 그 소박한 사랑을 어찌 잊으리까
강산이 변하고 변해도
임종 후 고통스러워 않는
평화롭게 잠든 그 모습이 지금도 선합니다.

인생길(6)

어디까지 왔는가 앞만 보고 달려온 길
내 인생의 화양연화를 떠올리며
산 너머의 내일을 바라보면
아직도 나는 할 일이 남았건만
넘고 넘은 인생고개
어느새 황혼을 향해 가네.

아름답던 시절은 가고 잠 못 드는 밤
병마에 육신은 피폐해져 가는데
어쩌란 말이냐 하늘이 허락하지를 않으니
민들레 홀씨처럼 한 톨의 밀알이 되어
바람 따라 물 따라
천명을 쫓아왔던 곳으로 돌아가리.

기도(2)

흰수염고래를 꿈꾸었지
심해를 마음껏 유영하는
이제는 짙푸른 바다를 바라만 보네
물길이 끊긴 외로운 섬처럼
무기력한 마음 갈 곳을 잃었는데
끝내고 싶어도
끝나지 않는 생명력이라

속을 헤집으며 날마다 전쟁 중인
내 속을 내가 알 수가 없으니
죄진 것이 많아 벌을 받는 것이라면
하늘이 지켜보실 터
무엇을 두려워하랴 가야 할 길이거늘
잠결인 듯 꿈결인 듯
길 잃은 양을 거두어주소서.

새벽을 여는 마음(2)

새벽을 여는 이가
그대가 아니라도 좋다
누군가는 사랑하는 이와 행복을 찾아
누구는 스스로의 삶을 개척하기 위해
마음을 다잡으며 새벽길을 나설 터
의지가 있는 곳에 길도 있으리.

새벽길을 나서는 가장의 마음
꺾이지 않는 신념의 도전정신은
태산을 넘어서고
칠흑 같은 어둠도 새벽이 오면 밀려나듯
꿈꾸는 자여 불굴의 의기를 품고 살면
내일 날엔 원하는 바 뜻을 이루리.

희망의 빛살이 찬란한 내일을

금빛 햇살이 넘실대는 호수에
황금나무 외롭게 서있어도
하늘이 허락한 모든 것이 축복이나니
보람찬 날들은 우리가 열어가는 것
오늘보다 더 찬란한 내일을 꿈꾸며
세상 앞에 당당히 생을 노래하네.

바람에 펄럭이는 깃발처럼
여린 가지가 바람결에 흔들릴지라도
황금나무의 꿈은 무성함을 향해
더 깊이 더 멀리 뿌리를 내릴지라
떠오르는 빛살처럼
역경을 넘어선 희망은 더 크게 빛나리.

희망의 빛살은

기도하는 마음은
남들보다 더 빨리
희망찬 아침을 맞는다
온 누리로 퍼져나가는 눈부신 빛살은
꿈꾸는 자 이상의 나래를 펼치라 하는데

하루를 여는 광명
방황하는 영혼도 생기를 찾게 하니
심장의 고동소리에 귀 기울여 봐
하찮은 미물까지도 하루를 살다가도
사랑을 노래하는 생명의 숨결을.

흰수염고래를 꿈꾸며(2)

짙푸른 대양을 누비는 꿈을 꾸어도
아직은 흐린 강물 속을 헤매는
철없는 한 마리 숭어이지만
나는 나아가리 드넓은 바다를 향해
포기할 수 없는 열망 가슴에 품고
언젠가는 심해에서 맑은 기상을 펼치리.

한 번도 가보지 못한 길이라 해도
두려움을 떨쳐내고
힘차게 느긋하게 유영할 테야
욕심의 그물에 걸려 숨이 가빠도
흰수염고래가 되어 기력이 다할 때까지
이상향을 찾아가는 여정 멈추지 않으리.

내 안의 우주와 사랑

두려움이 이는 까마득히 높은 곳에서
바람의 등에 올라타 활강을 하면
내 안의 우주를 만나
벅차오르는 희열로
식어가는 가슴속 열정을 깨우고
사랑으로 빚어내는 기쁨이 별처럼 빛날까.

사랑의 가교를 넘어
견우와 직녀가 해후를 하듯
누구라도 마음과 마음을 이어주는
첫사랑 같은 순수함으로
고단한 삶이지만 혼을 담아 생을 노래하면
계절이 가고 와도 세상은 늘 훈훈하리.

대한의 이름으로(3)

솟아오르는 아침 햇살의
찬란한 기운을 받아
희망의 빛이 어둠을 밀어내면
타올라라 생명의 불꽃이여
온 세상이 새날을 반겨 맞으니
도도한 역사의 흐름 앞에 우뚝 서라 그대여.

동해에 넘실대는 푸른 기상
백의민족 끈기와 투지로
드높이세 우리의 정기 세계 만방에
새 세상을 향해 날아오르는 민족의 역량
대한의 이름으로 번영의 미래를
겨레여 우리가 함께 만들어가세.

길은 멀어도

순수를 노래하고픈 마음속 갈망에
끝없는 목적지를 찾아가는
꿈을 좇는 여정
석양을 등에 업고
바람에 올라타 활강도 하고
외로워도 힘들어도

마지막 생명 불꽃 꺼질 때까지
나는 가리라 사랑이 꽃피는 세상을 향해
동녘하늘로 떠오르는 희망의 빛살처럼
찬란한 빛이 되고픈 여망
미약한 몸부림 일지라도
내일을 향한 날갯짓 멈추지 않으리.

벗이여(2)

무슨 할 말이 그리도 많은지
술잔을 돌리며 밤을 새워도
지겹지가 않던 순수의 시절
청춘을 노래하고 내일을 논하던
젊은 날의 열정은 빛을 잃어가지만
흘러간 세월만큼 깊어진 우정 변함이 없는데

벗이여, 우리가 가는 길
끝이 보이지는 않지만
언젠가는 나도 가고
누가 먼저 떠날지는 알 수 없지만
마음만으로도 서로 힘이 되는
멈출 수 없는 여정 종착지까지 길벗이 되세.

내일을 기다리며

희뿌연 안개가 스멀스멀
짙푸른 산을 점령한 이른 아침
홀로 선경(仙境) 같은 먼 산을 바라보며
꿈은 이루어진다고 했는데
오늘의 삶을 어떻게 살까
하루를 내달리기 전 생각에 잠긴다.

뜻이 있는 곳에 길이 있다고 했는데
내 꿈이 아침 안개처럼 사라지기 전에
어디다 견고하게 묶어둘까
대양을 누비는 그날까지 열정적으로 살면
언젠가는 활화산으로 분출되는 용암처럼
가슴속 열망 그때는 찬란한 빛이 되려나.

아름다운 동행(5)

계절이 가도 아쉬움이 남고
사랑이 가도 그리움이 남는 데
석양처럼 물들어가는 인생길
아름다운 동행은
밤하늘을 수놓는 별들처럼
어둠 속에서도 빛이 나리.

가고 오는 흐름 속에 꽃이 피고 지듯
살같이 흐르는 무심의 세월 따라
우리는 어디로 가는지
둘러보고 물어봐도 멈출 수가 없는데
눈 감고 나서야 답을 얻을 수 있으려나
그 여정에 그대와 나 동행이 되면 덜 외롭지 않겠는가.

소망의 빛으로

아침의 나라 남쪽 바다
바다 건너 신성한 기운이 감도는
푸른 섬에는 신세계가 펼쳐질까
이상향을 향해 날고 싶은 갈망
힘들고 외로워도 꿈을 잃지 않으면
소담스런 행복이 손짓을 하며
내일은 삶이 푸근해지려나.

등을 떠미는 갈바람 따라 길을 나서면
이름 모를 들꽃도 가을을 노래하는데
우중충한 마음 한 자락 바람에 실어 보내면
내 마음 갈잎처럼 가벼워질까
억척스러운 들풀처럼 살아도
사랑이 빛으로 다가오는 소망
무성하게 꽃필 그날을 기다립니다.

자동발매

      -공존의 삶

자)연과 더불어 사는 공존의 삶
동)녘으로 밝아오는 아침 햇살을 안아들고
발)전하는 문명의 이기 속에서도
매)일 매일이 자아실현의 멋진 날들이소서.

눈비안개

      -눈 내리는 날

눈)발 흩날리는 날 거리를 거닐면
비)상하는 마음속 희망의 나래
안)녕을 기원하며 꿈이 부풀고
개)선장군처럼 의기충천 감성에 젖는다.

* 에필로그 詩

사랑의 길(8)

의(醫)와 생의 본능에 의존한 며칠
윤회의 삶 앞에서
자의(自意)를 상실한 당신을 바라보면
함께한 세상살이 쌓인 정분에
연륜만큼 깊어진 사랑에
자꾸만 눈물이 납니다
참으려 해도 자꾸만 눈물이 나네요.

젊은 날 수줍음 많던 아가씨가
윤기 짙은 머릿결 치렁치렁하던 흑발이
헝클어진 파뿌리처럼 하얗게 변하고
골 깊은 주름살에 푸석푸석한 얼굴로
청춘 그 자체 있는 그대로가
아름답던 시절은 가고
넘어야 할 인생고개 황혼을 향해 가네요.

* '살며 사랑하며' 사랑이 삶의 근원입니다.

* 끝맺는 말

인생의 청춘기 황금기 황혼기
어느 길로 가느냐에 따라 삶이 평안할지는
각자의 인생철학과 생활환경에 의해 좌우되겠지만
누구라도 행복해하고 싶은 것은 다 마찬가지이다.
자신이 좋아하는 일을 하는 것이 행복의 그 첫 조건이리라.

필자는 황혼기의 길 시인의 길을 택했다.
젊은 시절부터 자연과 시에 대해 각별한 관심이 있었고
육십 후반에 들며 건강을 잃어갈 즈음
마지막 불꽃을 태우는 심정으로
'시는 생명의 불꽃'이라는 모토를 심중에 담고
시를 사랑하며 시 창작에 시간을 할애해 오늘에 이르렀다.

필자의 시는 자연과 사랑과 인생에 관한
생활시라고 할 수 있는데 시의 소재는 사진작가님들의
작품사진에서 영감을 얻고 시 한 편에 작품사진 한 편을
연결하여 페북에 공개하는 활동을 해 왔는데.
이 기회에 아름다운 동행을 함께 해 주신
사진작가님들께 진심으로 감사 인사를 드린다.

아직 책으로 엮지 못한 시가 천 여 편이 되지만
독자분들과 만날 후일을 기약하며
시를 사랑하시는 모든 분들께 감사 인사를 드린다.

2025. 6. 15.

전수남.

사랑앓이 끝에 피는 꽃(4집)

초판 발행 2025년 6월 20일
지은이 전수남
펴낸이 김복환
펴낸곳 도서출판 지식나무
등록번호 제301-2014-078호
주소 서울시 중구 수표로12길 24
전화 02-2264-2305(010-6732-6006)
팩스 02-2267-2833
이메일 booksesang@hanmail.net

ISBN 979-11-87170-96-9
값 10,000원

이 책의 저작권은 저자에게 있습니다.
저자와 출판사의 허락 없이 내용의 일부를 인용하거나 발췌하는 것을 금합니다.